LE TRÉSOR DU MÉNAGE,

OU

CHOIX DE NOUVELLES DÉCOUVERTES, SECRETS ET RECETTES, UTILES A TOUT LE MONDE,

RECUEILLI

Par M. Georges de Fumel,

PROFESSEUR DE CHIMIE.

Cet ouvrage contient les Recettes les plus utiles dans les ménages, et procure une immense économie. C'est d'ailleurs un agrément, vu que les procédés indiqués sont très-simples et à la portée de toutes les intelligences.

SE VEND A PARIS, CHEZ LES PRINCIPAUX LIBRAIRES.

1838.

Liqueur de Vespétro, approuvée par les médecins du Roi et par la Faculté de médecine.

Prenez une bouteille de gros verre qui tienne un peu plus d'un litre de bonne eau-de-vie; ajoutez-y les graines qui suivent, après que vous les aurez concassées grossièrement dans un mortier, savoir: deux gros de graine d'angélique, une once de graine de coriandre, une bonne pincée de fenouil, autant d'anis; ajoutez-y le jus de deux citrons avec les zestes des écorces, une livre de sucre; laissez infuser le tout dans la bouteille pendant 4 ou 5 jours; ayez soin de remuer de temps en temps la bouteille pour faire fondre le sucre; ensuite vous passez la liqueur, pour la rendre plus claire, à travers du linge de coton ou à travers du papier gris, et vous la garderez dans des bouteilles que vous aurez soin de bien boucher.

Propriété de cette liqueur. — On ne saurait assez en faire l'éloge : son usage est généralement adopté ; elle est bonne pour douleurs d'estomac, indigestions, vomissements, coliques, obtructions, points de côté et de mamelles, maux de reins, difficulté d'uriner, gravelles, oppressions de rate, dégoûts, tounoiements de cerveau, rhumatismes, courte haleine ; fait mourir les vers des petits enfants, en leur en faisant prendre une cuillerée pendant 4 ou 5 matinées ; préserve du mauvais air, en en prenant une cuillerée avant de sortir ; pour les maux de tête, on s'en frotte les tempes, on en respire par le nez quelques gouttes ; elle donne des forces aux femmes en travail d'enfant, coupe les tranchées après les couches ; elle sert pour coupures, en enveloppant le mal d'une compresse imbibée de liqueur ; en un mot, elle a satisfait tous ceux qui en ont usé ; dans le besoin on s'en frotte pour faire passer les douleurs.

Moutarde de santé.

Prenez 46 litres de bon vinaigre, 2 onces de clous de girofle, 2 onces de cannelle, une once d'essence de citron, 4 gros de cayenne des Indes, une livre d'herbe d'estragon, 4 onces d'herbe de thym ; infusez le tout pendant huit jours. Ajoutez ensuite une livre de ciboule pilée ; pressez le tout à la presse, et filtrez ; ensuite on y mélange 36 livres de farine de moutarde, 4 livres de fécule de pomme de terre, 4 livres de sucre ; mélangez bien le tout.

Procédé de la Moutarde ordinaire.

Quatre livres de graine de moutarde de première qualité, quatre litres de bon vinaigre blanc : on fait infuser la graine dans le vinaigre pendant huit jours, en agitant le mélange deux fois par jour, et ajoutant du vinaigre, de manière que les graines soient toujours humectées; ensuite on broie au moulin, et l'on délaie avec le vinaigre en une bouillie claire : on met dans des pots.

Pour faire de très-bon Vinaigre avec de l'eau.

Prenez 4 onces de farine de moutarde, 4 onces de poivre long, une livre d'acide tartarique, 2 livres de mélasse, 10 livres de farine ordinaire; faites du tout une pâte comme pour faire du pain; laissez cette pâte bien pliée dans un linge, dans un lieu un peu chaud, pendant 48 heures; ensuite on fait cuire cette pâte au four comme un pain; on la coupe après en petits morceaux, et on la met dans un petit tonneau contenant 125 bouteilles d'eau, à 25 degrés de chaleur et sur du marc de vinaigre; on y ajoute 5 litres d'esprit de vin. Le local où la préparation est faite doit être chauffé à 25 degrés.

Eau de Cologne véritable, recette de Jean-Marie Farina.

Prenez 2 litres d'esprit de vin à 33 degrés, 2 onces d'essence de bergamotte, une once d'essence de citron, 2 gros d'essence de néroli, 4 gros d'essence de girofle, 3 gros d'essence de lavande, 2 gros d'essence de romarin; le tout bien mélangé et passé au filtre.

Véritable Élixir de longue-vie.

Prenez un litre d'esprit de vin à 33 degrés, 2 litres d'eau-de-vie à 22 degrés, 2 onces d'aloès succotrin, 2 gros de zéodoria, 2 gros de gentiane, 4 gros de rhubarbe, 2 gros d'agaric blanc, une once de thériaque de Venise, 4 gros de safran; le tout ensemble infusé pendant huit jours : passez ensuite au filtre.

Limonade gazeuse en paquet.

Prenez une once de sucre, un gros de bi-carbonade de soude, ces deux substances bien pilées ensemble et conservées dans du papier. Quand on veut faire la limonade, on a, dans un autre papier, un gros d'acide tartarique en poudre ; on mêle le tout ensemble et on le verse dans un grand verre d'eau.

Bière de gingembre anglaise.

Prenez 10 livres d'eau, 15 onces de sucre, le jus et la râpure de deux citrons, 12 gros de gingembre pilé, une once de levure de bière ; on laisse fermenter le tout pendant 48 heures ; on filtre ensuite et on met en bouteilles.

Recette pour faire un bon Bouillon gras en moins d'une heure.

Prenez un quart de livre de rouelle de veau, coupez-la en petits morceaux comme des dés à jouer, mettez cette viande dans une cafetière d'une peinte d'eau, avec une cuillerée de riz ; après que l'eau est réduite à chopine, retirez la cafetière, pressez le veau et le riz ; passez le tout et laissez reposer le bouillon : il est excellent et très-économique pour les malades.

Moyen pour conserver les Œufs frais.

Trempez des œufs très-frais dans de l'huile d'olive ; placez vos œufs droits dans une caisse : ils se conserveront long-temps sans se corrompre.

Précautions à prendre pour conserver le Lait.

Quand vous avez tenu le lait dans des vases bien propres, que vous l'avez fait convenablement bouillir, cela ne suffit pas encore ; si vous le placez dans un endroit fermé, il tournera ou acquerra un mauvais goût ; si vous le mettez à l'air, la partie butireuse acquiert une saveur de suif. Il faut donc le couvrir, mais non avec des couvercles solides, en faïence, en terre ou en bois; un linge bien fixé autour du pot au lait préviendra cet inconvénient.

Manière de conserver les Asperges pendant un an ou deux.

Faites-les blanchir; ensuite jetez-les dans l'eau fraîche; mettez-les égoutter et refroidir; placez-les dans un bocal les pieds en bas et d'égale longueur; mettez dans le bocal une saumure faite de quatre onces de sel par litre, et couvrez le tout avec une once et demi d'huile d'olive.

Moyen de conserver les Viandes par l'acide pyroligneux.

Pour conserver le poisson il faut l'ouvrir, le nettoyer et le tremper pendant un instant dans l'acide pyroligneux de 1,012, et le faire sécher à l'ombre; trempez les viandes de boucherie, les volailles et gibier (la volaille préalablement ouverte, vidée et fendue jusqu'au bec, que l'on jette) une minute dans l'acide; enveloppez ces viandes dans du papier gris, et suspendez-les dans un lieu sec : elles se conserveront plusieurs mois.

Autre procédé.

Prenez des viandes de quelque espèce que ce soit, exposez-les pendant un jour au courant d'air sec; après ce temps, couvrez-les de sel séché au feu; puis suspendez-les un jour, ou bout duquel on les essuie avec soin, et on les plonge un instant dans l'acide; elles sont de nouveau suspendues, et le lendemain on les plonge encore dans l'acide. Avant d'employer ces viandes ainsi préparées, on peut les placer dans un linge mouillé durant une heure; puis on les laisse tremper dans l'eau pendant quelques instants; cette manière de conserver la viande est très-commode.

Potion pour les vers, et pour guérir les coliques des enfants.

Prenez une cuillerée d'huile d'olive, demi-once de sucre, et le jus de la moitié d'un citron; mêlez bien le tout ensemble : faites prendre ce remède pendant trois jours, le matin avant de manger, vous en connaîtrez bientôt les bons effets.

Pâte minérale pour faire couper les rasoirs, canifs, forces et autres instruments tranchants.

Potée d'étain, 1/2 once; rouge à l'acier, 1/2 once; paille de fer, 2 gros; pierre du Levant destinée pour la gravure, broyée, lavée, 1/2 gros; pierre du Levant à rasoir, dite adoucie, une once et 2 gros; le tout doit être délayé à l'état de poudre impalpable, dans 1/2 once 2 gros de graisse de bœuf, et mélangé à chaud pour faire une pâte homogène.

Pour fabriquer le Lait virginal pour la toilette.
(*Véritable recette.*)

Ce lait a la propriété de conserver, de blanchir, d'adoucir et de rafraîchir la peau, de lui donner la teinte d'un blanc rosat très-fin, et d'en faire disparaître les boutons et les taches.

Mettez dissoudre, dans 2 onces d'esprit de vin à 33 degrés, demi-once de benjoin; versez ensuite cette dissolution dans un demi-setier d'eau de rose, et agitez fortement la bouteille.

Procédé pour nettoyer les Cadres dorés.

Prenez blanc d'œuf, 3 onces; eau de javelle, une once; battez le tout ensemble, et nettoyez les cadres avec une brosse douce trempée dans ce mélange. La dorure reprend immédiatement sa vivacité. Cette opération peut se répéter plusieurs fois avec succès sur la même dorure, chose difficile à obtenir par l'ancien procédé. Lorsque le cadre a été remis à neuf, il faut lui donner une nouvelle couche de vernis dont se servent les doreurs sur bois, composé de 3 onces de mastic choisi, et dissous dans 8 onces d'essence de térébenthine.

Opiat anglais pour les Dents.

Prenez une once de pierre-ponce bien pilée et tamisée, une once de terre sigillée, 6 gros de corail rouge préparé, 4 gros de sang de dragon, 2 gros d'acide tartarique, un gros de poudre de rose, 4 gros de clous de girofle, 4 gros de canelle; le tout bien pilé ensemble et passé dans un tamis fin.

Pommade pour le Teint et les Gerçures de la peau.

Faites fondre ensemble et au bain-marie un gros et demi de cire vierge, 2 gros de blanc de baleine, 1/2 once d'huile d'amande douce, 1/2 once d'huile d'olive, autant d'huile de pavot, une once d'eau de rose; battez ensuite ce mélange, et ajoutez-y quelques gouttes de baume du Pérou liquide. Cette pommade a une odeur agréable, et est préférable aux autres cosmétiques de ce genre que l'on vend dans le commerce,

Beau Cirage pour la chaussure.

Ce cirage est plus beau que quelque cirage anglais que ce soit. Procurez-vous 6 livres de noir d'ivoire véritable en poudre fine, 4 livres de sucre candi, 3 onces de gomme en poudre du Sénégal, une once et demie d'acide sulfurique, 12 onces d'huile d'olive et 3 litres d'eau de fontaine chaude; faites fondre le sucre et la gomme dans vos 3 litres d'eau chaude, passez par un linge fin. Ajoutez le noir au fur et à mesure qu'il sera trempé, ensuite l'huile, et après très-doucement l'acide; remuez avec une spatule en verre dès le commencement et jusqu'à ce que la pâte soit refroidie; il faut qu'un article soit bien mélangé avant d'en ajouter un autre ; on passe la solution de gomme et de sucre pour la priver des impuretés qu'elle peut contenir. On doit la passer dans l'eau destinée à l'opération ; cela fait, et la pâte étant refroidie, on la passe sous la molette comme la couleur. Cette dernière opération donne une onctuosité très-utile pour bien étendre ce cirage et pour le rendre homogène. La dose qui précède doit donner 18 livres environ de cirage en pâte serrée. On peut y ajouter une once d'essence de lavande ou de citron, pour changer l'odeur, et une once d'indigo en poudre, pour donner plus d'éclat au noir ; vous mettez l'indigo avec le noir, et l'essence après le mélange fait. On peut le laisser sécher et l'employer avec un peu de bière, de vinaigre ou d'eau.

Remède contre les Toux opiniâtres et contre les ardeurs ou épuissements de poitrine.

Après avoir fait moudre un décalitre d'orge, on renferme et l'on noue dans un sachet la farine tamisée qui en provient. On suspend, par un bâton transversalement posé sur les rebords supérieurs, le sachet dans une marmite ou autre vase profond rempli d'eau, en sorte qu'il ne communique ni avec le fond ni avec les parois du vase.

La farine ainsi placée, l'eau doit bouillir pendant 18 heures sans discontinuer ; et celle qui se consomme par l'évaporation doit être soigneusement remplacée au fur et à mesure par d'autre eau bouillante qu'on a soin de tenir toujours prête à cet effet, afin que le sachet soit toujours plongé dans l'eau jusque près du nouet. Au bout de 18 heures, on retire le sachet et on le laisse égoutter pendant quelques heures ; on achève de faire sécher dans un four presque froid, pendant 12 heures ; puis on retire du sachet la farine qui forme une espèce de gâteau assez dur ; on en enlève soigneusement la croûte et l'on broie tout l'intérieur pour le réduire de nouveau en farine. On forme, chaque fois, d'une partie de cette farine, une bouillie avec du lait ou du bouillon sans sucre, environ une assiette ordinaire ; le malade prend cette dose chaque jour, ou le matin deux heures avant de se lever, ou le soir en se couchant ; lorsque le travail de la digestion est achevé, s'il éprouve quelque pesanteur d'estomac immédiatement après, il peut boire un demi-verre d'eau. Si le matin une légère moiteur s'annonce, il attend qu'elle soit dissipée pour sortir du lit. Il est rare que le décalitre soit achevé avant que le malade soit guéri.

Liqueur de Mexico.

Citron, n. 8 ; cédrat, n. 2 ; vanille, 1/2 onces ; faites macérer les zestes de ces fruits, ainsi que la vanille, dans sept litres d'eau-de-vie ; mêlez-y les sucs de ces fruits exprimés, ainsi que 6 livres de sucre ; filtrez après huit jours.

Liqueur de Brou de Noix.

On prend le brou provenant de 100 noix vertes ; on le pile dans un mortier de marbre ; on le met en contact avec 15 litres d'alcohol faible à 22 degrés ; on ajoute un gros de clous de girofle et un gros de noix muscade ; on laisse en macération pendant 2 mois ; on filtre ; on fait fondre dans la macération 4 livres de sucre, on passe à travers un blanchet, on met en bouteilles.

Cette liqueur est toni-stomachique ; elle est excellente pour les écoulements de leucorrhée chronique (flueurs blanches).

Procédé pour conserver les fruits, raisins, poires et melons.

Prenez un tonneau neuf, garnissez-le au fond et sur

les côtés avec du son de froment séché au four ; ensuite mettez un lit de fruit, un lit de son, jusqu'à ce que le tonneau soit plein. Au bout de 8 mois vous trouverez vos fruits aussi frais que si vous veniez de les cueillir. Mais il faut avoir soin de fermer exactement le tonneau, pour que l'air ne puisse y pénétrer.

Préparation d'un Sirop pour remplacer le sucre et faire des confitures.

Prenez du jus de poires, pommes ou moût de raisin ; faites bouillir ce jus dans une chaudière jusqu'aux deux tiers pour qu'il ait une bonne consistance ; clarifiez-le avec du blanc d'œufs, passez-le par la flanelle pour le conserver dans des bouteilles. Si vous voulez faire des confitures de ménage économiques, faites un choix des fruits que vous voulez confire ; faites-les cuire dans l'eau jusqu'à ce qu'ils soient un peu amollis, vous les pèlerez ensuite et vous les mettrez dans ce sirop, et les laisserez bouillir, en ayant soin de toujours bien écumer jusqu'à parfaite cuisson : ce que l'on reconnaît quand, en en versant une goutte sur une assiette, elle reste figée et ne coule point ; mettez votre confiture dans des pots, couvrez-la avec un papier pour la conserver.

Moyen d'aller dans l'eau et de traverser une rivière sans savoir nager.

C'est un très-joli divertissement que vous pouvez vous donner sans courir aucun danger, et par ce moyen vous pouvez apprendre à nager parfaitement ; pour cela, ayez deux toiles de pareille grandeur, faites-en un gilet qui se boutonne ou s'attache par derrière ; entre ces deux toiles fixez-y 8 vessies, 4 à droite, 4 à gauche, que vous gonflerez au trois quarts ; cousez-les bien tout le tour, entre les toiles ; il faut laisser entre les deux rangées, vers le milieu, 4 pouces environ de largeur pour que l'estomac puisse s'y loger commodément. Il faut observer de laisser sortir des toiles, sur leur bord, les cols de vessie, pour pouvoir les gonfler facilement et les lier avec une ficelle. Muni de cet appareil nouveau, allez hardiment dans l'eau, vous ne courrez aucun risque de vous noyer.

Secret pour prendre les Oiseaux à la main.

Prenez du grain que les oiseaux aiment, mettez-le tremper dans de la lie de vin ou dans une décoction d'ellébore blanc, avec du fiel de bœuf. On prend, à cet appât, des perdrix et même des oies sauvages.

Recette pour faire venir beaucoup de poissons où l'on veut pêcher.

Prenez un quart de fromage de gruyère, broyez-le dans un mortier avec de l'huile d'olive, mêlez-y du vin peu à peu jusqu'à ce que votre composition soit en pâte épaisse; joignez-y pour un sou d'eau de rose; faites avec cette pâte de petites boulettes comme des pois, que vous jetterez dans l'endroit où vous voulez pêcher. Il faut observer de jeter les boulettes le matin pour pêcher le soir, et le soir pour le matin.

Remède propice contre les Panaris.

Mêlez une cuillerée de cendres de sarment de vigne, dans la valeur d'un verre moyen d'eau chaude de rivière; baignez-y le doigt, et répétez jusqu'à guérison. Ce moyen a été souvent employé avec succès, et se recommande naturellement par sa simplicité.

Autre.

Lorsque le doigt est attaqué d'un panaris, il suffit de le plonger dans un œuf très-frais, et de l'y laisser quelques moments : l'œuf durcit comme s'il était exposé au feu; on en retire le doigt, et l'inflammation ainsi que la douleur ont entièrement disparu.

Onguent pour les brûlures.

Faites fondre dans un poêlon neuf de terre cuite, en remuant continuellement, suif de chandelle, 4 onces; huile d'olive fine, 2 onces; eau-de-vie de Cognac, 2 cuillerées; eau de fontaine, 2 cuillerées; étendez sur du papier brouillard; appliquez sur la brûlure, et changez deux ou trois fois par jour.

Autre moyen plus simple.

Mettez sur la brûlure un petit linge imbibé d'éther, cela seul suffit pour une parfaite guérison. On a soin de renouveler.

Baromètre chimique.

Prenez un gros de salpêtre, 3 gros de camphre, 1 gros de sel ammoniac, 4 onces d'esprit à 36 degrés; mettez le tout dans un flacon ouvert. Quand le temps est beau, la composition est limpide, et quand le temps veut changer, la composition devient trouble.

Procédé chimique pour se réveiller à l'heure qu'on désire.

Prenez 2 litres de vinaigre, 8 onces de sel de saturne, plongez dedans une corde de la grosseur du petit doigt; faites bouillir un quart d'heure, et ensuite sécher la corde. On place une sonnette avec un ressort attaché avec une ficelle bien tendue, au-dessous l'on place une bougie, et l'on attache la corde préparée dans une longueur d'autant de pouces que l'on veut qu'elle dure d'heures: l'extrémité de la corde préparée doit aboutir sur la mèche de la bougie; on met sur cette mèche un peu de soufre. Quand la corde préparée est consumée, le soufre prend feu, la bougie allume la petite ficelle qui tient le ressort, laquelle, en se rompant, fait retentir la sonnette qui réveille. Avant de se coucher, on met le feu à l'extrémité opposée de la corde préparée qui sert de mèche.

Pour corriger un vin aigre ou moisi, qui a pris le goût dans le tonneau où il est.

Il faut soutenir votre vin dans une futaille bien étuvée, et qui ait bonne odeur, et mieux encore dans une autre où il y a eu de l'eau-de-vie. Vous prendrez 40 clous de girofle, un sou de cannelle, deux sous de coriandre, le tout concassé ; environ une bonne cuillerée à bouche d'iris de Florence. Vous ferez infuser dans un verre d'eau-de-vie près du feu, et mettez cette composition dans votre tonneau d'une contenance d'environ 150 litres. Au bout de 15 à 20 jours le vin sera meilleur qu'il n'avait jamais été.

Manière de lever les taches d'huile, de graisse, de café et autres corps gras sur les étoffes de soie, sur le drap ou casimir, de telle couleur qu'ils soient.

Vous ferez cuire deux œufs ; vous en prendrez le jaune que vous barbouillerez bien avec la main sur la tache, et laisserez sécher pendant quatre heures. Ensuite vous laverez votre étoffe comme un linge, et la brosserez bien quand elle aura séché pour en faire sortir la poussière. On peut employer le même procédé sur le mérinos noir.

Pour remettre les couleurs avariées par la sueur ou par la faiblesse de teinture.

Vous prendrez pour deux ou trois sous d'alcali-volatil ; vous en mouillerez l'endroit que vous voulez corriger avec un linge bien propre ; quand l'étoffe sera sèche, la couleur aura entièrement reparu.

Manière de conserver les habillements de drap, les schalls et autres objets de luxe pour les garantir des teignes.

Vous prendrez un paquet de poivre en grain, vous le placerez dans l'intérieur de l'objet que vous voulez préserver, que vous plierez bien serré et le resserrerez encore dans un drap roux de lessives. Le paquet étant déposé dans une malle ou commode bien fermée, vous pouvez sans danger l'y laisser toute la saison d'été. Il ne sera nullement touché des vers.

Manière de nettoyer l'argenterie.

La meilleure manière de nettoyer l'argenterie, est de préparer une lessive composée de dix à douze litres d'eau de pluie ou de rivière, quatre livres de bonnes cendres de bois neuf, deux onces de savon blanc râpé, et quatre livres de sel commun; on fait bouillir tout cela ensemble pendant une demi-heure. Avec cette lessive, et par le moyen d'une brosse convenable, on frotte la vaiselle; toutes les impuretés disparaîtront et l'argenterie deviendra comme toute neuve; on la rincera d'abord dans l'eau chaude, puis dans l'eau froide, et on la sèche avec un linge blanc.

S'il y a des taches de roux qui résistent au frottement ordinaire, on se servira de sel d'oseille réduit en poudre fine. On mouille les endroits tachés ou ternis avec de l'eau, et on met de cette poudre dessus: un quart d'heure après, on les frotte avec un cuir doux, et toutes les taches disparaissent.

Pour faire de l'excellent Vin sans raisins, coûtant 3 francs la mesure, et qui, étant mis clair en bouteilles, fait l'effet du Vin de Champagne.

Pour une mesure ayez 4 livres de pommes sèches coupées en deux, 2 livres de pruneaux concassés, une livre de raisins de caisse; mettre le tout fermenter dans un tonneau d'une mesure et plein d'eau, ne le boucher qu'avec du gros papier sur lequel on met du sable.

DES BOISSONS AQUEUSES ACIDULES.

Nous comprendrons sous cette dénomination diverses boissons qu'on peut confectionner avec le suc exprimé de quelques fruits agréables et acidules pour être employées de suite, principalement en été, au moment des grandes chaleurs.

Eau de Cerises.

Avec deux livres de cerises acidules, dites de Montmorency, rouges, transparentes, bien mûres, dont on aura d'abord ôté les queues, ensuite les noyaux pour les conserver à part, on écrase la pulpe du fruit en y ajoutant un peu d'eau, pour conserver dans un vase de faïence, après y avoir exprimé le suc d'un citron que l'on mêle exactement en agitant, pour laisser infuser pendant deux heures à la chaleur de l'atmosphère.

Après avoir bien lavé et nettoyé les noyaux, on les pile, on les écrase avec huit onces de sucre, et l'on ajoute le suc exprimé des cerises; passez et tirez le tout à clair, mettez le marc sous une presse, agitez la liqueur obtenue, laissez-la reposer ensuite pendant vingt minutes, passez à la chausse et conservez pour l'usage.

Eau de Framboises.

Exprimez par le moyen d'un linge peu serré et assez fort une certaine quantité de fambroises bien mûres; après avoir laissé reposer, tirez à clair, et sur un demi-setier versez une peinte d'eau; édulcorez ensuite le tout avec quatre ou six onces de sucre; lorsque le mélange est exact, passez encore une fois à la chausse et faites rafraîchir pour l'employer à volonté.

Eau de Carvi.

Semence de carvi................	4 onces
Alcohol à 25 degrés.............	4 litres.

On fait macérer la semence de carvi dans l'alcohol pendant huit jours; ensuite on distille au bain-marie et on y ajoute un sirop fait avec quatre livres de sucre deux litres d'eau commune. On filtre et on colore en vert.

Eau de Cédrat.

Zestes de......................	12 cédrats.
Zestes de......................	6 oranges.
Alcohol à 22 degrés............	6 litres.

Faites un sirop avec six livres de beau sucre, et opérez comme ci-dessus.

Eau de Céleri.

Semence de céleri..............	2 gros.
Alcohol à 22 degrés............	4 litres.
Sucre..........................	4 livres.

Eau de la Côte.

Alcohol à 22 degrés.............	6 litres.
Cannelle de Ceylan..............	4 onces.
Zestes de.......................	2 cédrats.
Dattes..........................	4 onces.
Figues..........................	6 onces.
Amandes amères..................	2 onces.
Muscades........................	1/2 once.

On fait macérer pendant dix jours; ensuite on distille au bain-marie pour retirer cinq litres; on ajoute un sirop fait avec cinq livres de beau sucre et deux litres d'eau distillée. Cette liqueur reste blanche.

Eau Divine.

Zestes de.....................	3 cédrats.
Zestes de.....................	4 citrons,
Fleurs d'oranger récentes........	4 onces.
Sommités de mélise récentes......	1 once.
De marube blanc...............	6 onces.
Alcohol à 22 degrés.............	4 litres.

On fait macérer toutes ces substances pendant dix jours, on distille au bain-marie, et on ajoute un sirop fait avec trois livres de sucre et un litre et demi d'eau distillée.

Eau de Menthe.

Sommités de menthe poivrée....	2 livres.
Zestes de.....................	4 citrons.
Alcohol à 25 degrés.............	8 litres.
Sucre.........................	9 livres.

On fait macérer dans l'alcohol, pendant huit jours, la menthe. Ensuite on distille au bain-marie, et on ajoute un sirop fait avec le sucre et deux litres d'eau auquel on ajoute un quart de litre d'eau de rose, et on filtre.

Elixir de Garus.

Myrrhe........................	2 gros.
Aloès.........................	2 gros.
Girofle concassée..............	3 gros.
Muscade......................	3 gros.
Safran galinais................	1 once.
Cannelle de Ceylan.............	6 gros.
Alcohol à 33 degrés............	5 litres.

On fait macérer pendant quinze jours; ensuite on distille au bain-marie, et on y ajoute un sirop fait avec six livres de sucre et cinq onces de sirop capillaire. Cette liqueur peut se faire par macération.

DES FRUITS A L'EAU-DE-VIE.

Raisin muscat à l'eau-de-vie.

On prend une quantité donnée de raisin sec que l'on égrène, on projette dessus l'eau bouillante, on laisse macérer pendant douze heures. Ensuite on les retire, et après qu'ils sont égouttés, on les met à macérer dans de l'eau-de-vie à 20 degrés; au bout de huit jours on peut les servir.

—

DES HUILES

(*liqueurs*).

Huile de Roses.

Alcohol à 33 degrés............. 1 litre.
Eau de roses.................... 1/2 litre.
Sucre......................... 3 livres.

On fait fondre le sucre avec un demi-litre d'eau distillée; on mêle le tout, on filtre et on colore en rose.

Huile de Vénus.

Fleurs récentes de carottes....... 1 once.
Semence d'anis vert............. 1 once.
De carvi....................... 1 once.
Zestes de..................... 3 oranges.

On fait macérer toutes ces substances dans quatre litres d'alcohol à 25 degrés, distillé au bain-marie; on y mêle un sirop fait avec quatre livres de beau sucre, et on filtre.

DES RATAFIAS.

Ratafia d'Anis.

Semences d'anis vert............ 2 onces.
Semences de badiane............ 4 onces.
Alcohol à 22 degrés.............. 8 litres.

On contuse les graines, ensuite on les faits macérer dans l'alcohol pendant huit jours; on passe à travers un tamis; ensuite on y ajoute un sirop fait avec six livres de sucre et deux litres et demi d'eau de fontaine, et on filtre.

Ratafia d'Angélique.

Tiges d'angéliques récentes....... 4 onces.
Semences d'angéliques........... 1 once.
Alcohol à 25 degrés.............. 4 litres.
Muscade.......................... 1 gros.
Canelle de Ceylan............... 1/2 gros.
Coriandre .... 1 gros.

On contuse les semences dans un mortier, et on fait macérer pendant huit jours dans l'alcohol. Ensuite on passe à travers un tamis, et on ajoute un sirop fait avec quatre livres de sucre et un litre et demi d'eau de fontaine.

Ratafia de Cacis.

Cacis bien mûr.................. 6 livres.
Feuilles de cacis................ 4 onces.
Girofle.......................... 1/2 gros.
Cannelle de Ceylan............... 1/2 gros.
Coriandre .... 1/2 gros.

On écrase les baies de cacis et on les fait macérer pendant un mois avec les autres substances, dans 12 litres d'alcohol à 22 degrés. On soumet à la presse. On y mêle un sirop fait avec six livres de sucre et 2 litres d'eau.

Ratafia de Coings.

Suc de coings.	4 litres.
Alcohol à 33 degrés	4 litres.
Cannelle de Ceylan.	1/2 gros.
Girofle	1/2 gros.
Coriandre.	1 gros.
Macis.	1/2 gros.
Amandes amères concassées	20 gros.
Sucre.	3 livres.

On fait macérer tous les aromates avec l'alcohol et le suc de coing, on y ajoute le sucre fondu dans un demi-litre d'eau, et on filtre.

Pommade mexicaine (brevet d'invention pris en 1829 par MM. Michel et Lange, parfumeurs à Paris).

Corps gras extrait du cacao	64 onces.
Huile de noisette	32 onces.
Huile de ben	32 onces.
Vanille.	2 onces.
Baume blanc du Pérou	1 gros.
Fleur de benjoin.	1/2 gros.
Civette	1/2 grain.
Néroli	1 grain.
Essence de roses.	1 grain.
Esprit d'œillet-giroflée.	1 once.
Eau odorante de citron et de bergamotte distillée.	1/2 bouteille.

Manipulation. — On fait macérer la vanille dans le beurre de cacao, pendant huit jours, dans une étuve chauffée à 20 degrés. Dans un demi-verre d'alcohol on dissout le baume du Pérou, le benjoin, la civette, et l'on ajoute l'esprit d'œillet à cette dissolution. D'autre part, on incorpore l'essence de rose et de néroli dans les huiles de ben et de noisette, en remuant le mélange fortement.

Ces préparations achevées, on verse dans un poêlon étamé le beurre de cacao et la vanille, en faisant bouillir doucement au bain-marie. A la première ébullition on ajoute l'esprit aromatique et l'on dirige ensuite également l'ébullition pendant un quart d'heure, afin que l'alcohol puisse s'évaporer, afin qu'en même temps les aromes et les matières résineuses dont il est chargé puissent se fixer dans le corps gras : alors on ajoute les huiles et on retire le tout du feu un instant après. Cela fait, on verse le mélange dans un mortier de marbre à travers un tamis, et l'on remue avec un pilon. Au bout d'une heure environ, le mélange, s'étant un peu refroidi, présente la consistance d'une crême liquide. Avant qu'il ne soit trop figé, il faut se hâter d'y ajouter l'eau odorante par petites quantités, en remuant avec beaucoup de vitesse. Ensuite, pour colorer agréablement la pommade, on y jette une petite quantité de carmin clarifié avec de l'eau et de l'alcali volatil. On continue de remuer jusqu'à ce que la pâte soit entièrement refroidie, et c'est alors qu'on la met dans des pots.

Application. — Cette pâte s'étend avec le doigt sur la figure et le cou. On humecte ensuite une très-fine éponge d'eau légèrement tiède, et on la passe sur la peau induite de pâte jusqu'à ce que celle-ci soit complètement fondue. On termine par essuyer avec un linge fin. Cette petite instruction doit accompagner chaque pot de pommade mexicaine. Cette observation s'applique à toutes les autres pâtes que nous allons décrire.

Pommade de beauté pour le teint et les gerçures de la peau.

Faites fondre ensemble au bain-marie :

Cire vierge.................... 1 gros 1/2.
Blanc de baleine................ 2 gros.
Huile d'amandes douces.......... 1/2 once.
Huile d'olive vierge............ 1/2 once.
Huile de pavot.................. 1/2 once.
Baume du Pérou liquide......... 4 gouttes.

Vous introduisez le baume après avoir bien battu le mélange. C'est un cosmétique excellent.

Vinaigre de fard.

Ce rouge se prépare de la manière suivante :

Cochenille en poudre............ 3 gros.
Belle laque en poudre........... 3 onces.
Vinaigre de lavande distillée..... 1 livre.

Après dix jours d'infusion, en ayant soin d'agiter souvent la bouteille, coulez et filtrez. Ce vinaigre est l'un des meilleurs de ce genre.

Savon pour noircir les cheveux et les sourcils.

M. Julia de Fontenelle le conseille pour rendre noirs les cheveux roux et les cheveux blancs.

On compose ce savon, dit-il, avec deux onces de suif de mouton, une once de poix que l'on rend liquide, une demi-once de pierre noire et autant d'abdanum et de vernis. L'on ajoute à ces matières une quantité suffisante de lessive faite avec des cendres de saules. On peut parfumer ce savon avec un peu d'ambre, de vanille ou de musc.

Il rappelle que quelques personnes pensent que, pour noircir les sourcils, il suffit de les frotter souvent avec du bois de sureau.

Pour faire en un instant de l'encre noire azurée.

On prend 4 onces de vin blanc, 4 gros de bon noir d'ivoire, un quart de gros d'indigo pilé, un gros de gomme arabique, 1/2 once de sucre; après avoir mélangé le tout, on fait chauffer à 25 degrés de chaleur.

Eau contre les gerçures des mamelles, de Chaptal.

Sulfate d'alumine............... 1 gros.
Sulfate de zinc................. 1/2 once.
Sous-borate de soude............ 4 grains.
Eau de rose..................... 4 onces.

Pommade anti-sporique pour la gale.

Prenez poudre d'ellébore blanc... 1 gros.
Saindoux........................ 2 onces.
Essence de citron............... 30 gouttes.

Le malade aura soin de se frictionner tous les jours. Cette pommade a le triple avantage de n'avoir qu'une odeur agréable, de ne point salir le linge, et de n'en causer aucune mauvaise suite, tels que furoncles et dépôts de gale.

Eau à détacher, ou nouvelle eau vestimentale pour les taches graisseuses.

Essence de térébenthine pure..... 8 onces.
Alcohol à 40 degrés............. 1 once.
Ether sulfurique............... 1 once.

Mélangez et agitez bien à bouchon fermé. Si vous voulez atténuer l'odeur de la térébenthine, ajoutez de l'essence de citron.

Pour vous servir de cette eau, placez l'étoffe à détacher sur plusieurs doubles de linge; imbibez-en la partie tachée de graisse, puis frottez légèrement avec un autre linge fin jusqu'à ce que l'étoffe soit séchée et la tache enlevée. Si celle-ci était ancienne, vous devriez en chauffer un peu la place.

Pate pour détruire les punaises, de M. Lepeton, à Paris. (Brevet d'invention pris en 1836.)

Camphre.	1 once.
Poivre en poudre	1 once.
Essence de térébenthine	1 once.
Sel.	3 gros.
Vinaigre	3 onces.

Toutes ces matières réunies doivent rester en infusion pendant quatre heures, dans une chaudière en cuivre, où on les laisse refroidir un même laps de temps, après quoi on les remet au feu pendant une heure environ.

On enduit de cette pâte une spatule de bois, à l'aide de laquelle on l'applique dans les rainures d'un lit ou de tout autre meuble, même sur des étoffes, sans craindre de les détériorer. On l'y laisse faire son effet pendant quelques jours, et l'on nettoie ensuite tout ce qui a été empreint, sans craindre la moindre apparition des insectes. Cette composition ne laisse en outre aucune odeur désagréable.

ÉPINAL, IMPRIMERIE DE PELLERIN.

www.ingramcontent.com/pod-product-compliance
Ingram Content Group UK Ltd.
Pitfield, Milton Keynes, MK11 3LW, UK
UKHW020230180726
13838UKWH00005B/2302

9 782329 592718